ALBUM FORAIN

AVANT-PROPOS

DE

MAURICE TALMEYR

LIBRAIRIE PLON

ALBUM
FORAIN

AVANT-PROPOS

DE

MAURICE TALMEYR

LIBRAIRIE PLON

AVANT-PROPOS

L'ESPRIT DE FORAIN

Ce nouvel Album de Forain porte sur sa couverture une Vérité d'une grâce gamine, assise sur la margelle de son puits, et qui forme, par sa fantaisie, un contraste malicieux avec les réalités qu'elle annonce.

Ces nouvelles séries de Forain, si humaines et si modernes, se classent-elles, d'ailleurs, parmi ses plus audacieuses? Elles sont peut-être, au contraire, de ses moins virulentes; elles ont toujours la vigueur et la générosité, le jet, mais dans une série de motifs relativement tempérés, et le fond, cependant, même dans ceux-là, n'en a pas moins cette pointe et cette vertu corrodantes si remarquables dans les autres, ce quelque chose qui vous égratigne et qui se grave, qui vous blesse un peu, mais qui reste. Si la goutte de vitriol n'est pas dans la situation, elle se trouve dans la légende, et le dessin la montre toujours, quand ni la situation ni la légende ne la contiennent. Elle est alors dans l'acuité de vice ou de fourberie des figures, la rapacité ou l'hypocrisie des gestes, les hachures ou le trait de bassesse ou de crapule qui marquent ou barbouillent les physionomies.

Forain occupe aujourd'hui la grande place due à sa personnalité d'artiste, à son œuvre de premier ordre, et à cet infatigable esprit de moquerie particulière, plus facile à sentir qu'à définir. C'est l'esprit de plaisanterie appliqué à ce qui n'est généralement pas considéré comme plaisant, et destiné par là à nous rappeler tous, grands ou petits, heureux ou misérables, à la fâcheuse conscience de notre néant

Si la vie, en raison même de ce que l'humanité a de mauvais, et de ce que le monde cache d'énigmatique, n'était pas, dans l'immense majorité des cas, la comédie et la mascarade qu'elle est, un pareil esprit serait un fléau, et ne serait même sans doute pas possible; mais l'hypocrisie permanente des choses et des gens en fait au contraire un bien, et comme une revanche. Rien ne part d'un idéal plus haut, et par conséquent d'un principe plus salutaire, que de mettre à nu la dérision de ce qu'on appelle si souvent et si faussement la bravoure, l'honneur, l'amour, la maternité, l'art ou l'autorité. Il y a, en somme, très peu de vraie vertu, de vraie noblesse, de vrai dévouement, de vraies vérités, de vraies personnes respectables, de vrais artistes, et le peu que nous en possédons disparaît, la plupart du temps, dans la foule des mensonges, des snobismes et des grimaces. Je vois fort bien ce qu'on me donne pour sérieux, mais je vois fort bien aussi que cela ne l'est pas, au nom même de la juste idée que je conçois des choses sérieuses, et j'en conclus que le plus sérieux est peut-être bien de rire de ce qui veut l'être.

Cet esprit-là n'est pas aussi moderne qu'il est convenu de le croire, et n'est même, proprement, ni moderne ni ancien, mais éternel. C'est l'esprit des bouffons de Shakespeare qui se moquent, sans distinction, des maîtres et des valets, plaisantent leurs propres souverains, goguenardent dans les catastrophes, chansonnent l'orgie et le cimetière, tapent sur les squelettes aussi bien que sur les gros ventres, et remettent ainsi, en riant, l'humanité à sa place, sans pourtant se brouiller avec elle. Ce qui est toutefois à remarquer pour Forain, c'est que cet esprit de rabaissement hilare n'a jamais eu plus beau jeu qu'aujourd'hui, car jamais, à aucune époque, pareille parade de poses et de phrases n'a masqué pareille débandade de principes. Il n'existe peut-être plus un seul de ces principes que nous ayons gardé le droit d'invoquer, et tout le monde, pourtant, persiste à invoquer les formules qui les recouvraient. Les pères, les mères, les enfants, les domestiques, la famille, la religion, la morale, le pouvoir, la charité, sont-ils ce qu'ils étaient autrefois? Évidemment non, et rien, ou presque rien, n'est changé néanmoins dans les formes sous lesquelles on nous demande toujours de les considérer. On nous a nourris dans le mépris des rois, mais on nous fait honorer des présidents de République. Nous sommes comme d'anciens soldats devenus de simples infirmiers, et qui auraient conservé l'usage des commandements militaires pour administrer leurs lavements. Nous parlons une langue qui est la perpétuelle satire de ce que nous faisons, et nous n'accomplissons plus un acte, nous ne prenons plus une attitude, qui ne soient pas, immédiatement, et malgré nous, accompagnés de quelque chose qui les démente ou lès compromette, comme dans une continuelle bouffonnerie. Tout, ou presque tout, de l'ancien monde moral est détruit, et nous ne pouvons pas cependant prononcer un mot où tout ce monde moral ne se rappelle pas à nous. Nous respirons l'antiphrase, et jamais, avec cela, l'orgueil humain et l'exaltation personnelle ne se sont plus exaspérés que dans cette vie inférieure et burlesque de contradiction et de farce. N'est-ce pas dès lors le moment de gouailler sur tout, puisque tout se ridiculise, et de tout remettre à son rang par la « blague », puisque tout se désorbite absurdement?

Le succès toujours grandissant de Forain ne s'explique donc pas seulement par sa haute valeur d'artiste, mais par l'opportunité exceptionnelle de cette moquerie volante et ambiguë qu'il attache à tout, et qui semble, grâce à lui, si inséparable de notre temps qu'elle en restera sans doute comme l'une des manifestations les plus spontanées et les plus caractéristiques. Elle en accompagnera l'histoire en la raillant comme l'écho rit de la voix qu'il répercute, et comme notre ombre nous suit en nous caricaturant.

Maurice TALMEYR.

Paris, 1er mars 1896.

PRESSENTIMENT

— Décidément, j'ai peut-être tort de ne pas sonner!

CRIS DU COEUR

— Oh! les femmes! les femmes! — ça vous trompe et ça ne vous lâche pas!

LES PARVENUS

— Oui, mes enfants, c'est en me privant tous les jours de mon café que j' suis dev'nu propriétaire!

LES BONNES MAISONS

— Pour moi, vos certificats sont insuffisants, mais je vais vous adresser à un de mes amis qui a besoin d'un ménage.

DANS LE MONDE

— Pas possible, elle le trompe!
— Pas tant qu' ça!.....

CRIS DU COEUR

— Lequel? celui qui voulait que tu quittes ta mère? Eh bien, il vit de ses rentes...
— Comment! il était si riche que ça!!

— Voyons, maman, si tu veux qu'on nous prenne pour des baronnes, ne raconte pas toujours combien tu payes ton beurre à Paris !

— T' es pas honteux d'être dans des états pareils, — un mardi!

DANS LES COULISSES

— Les cartes m'ont dit : Vous allez lâcher un homme. Je n' sais pas lequel, par exemple !.....

— Pourquoi hésitais-tu à m'emmener souper?
— Parce qu'à ta taille, je craignais que tu ne sois ma maîtresse!

FIN DE SIÈCLE

— Liline, veux-tu être bien gentille ? Va t'asseoir pendant que je vais parler à cette dame.

— Oui, papa... Mais sache donc quelle est sa modiste !

— Tu sais que tu n'es pas drôle avec tes airs d'enterrement, — fais comme moi, amuse-toi, danse... flirte !

— J' vas sentir mon veau; si y pue, *on* va l' donner à un pauvre !

— Misère! je suis ici depuis vingt ans, èt c'est toujours les mêmes qui gagnent
cent mille francs.

AUX CHAMPS

— Dis donc, maman, pourquoi ne me laisses-tu jamais seûle avec M. Charles?
— C'te bêtise! c'est pour qu'il t'épouse, mon enfant!

— Chut !... ton père est en train de rouler un huissier.

MOEURS CONJUGALES

— Toi, mon vieux..... tu seras trompé..... sans que ça me fasse plaisir !...

— Monsieur, je n'ai jamais été beau, mais j'ai toujours plu aux femmes… Après le dîner, je vous dirai comment je m'y prenais !

NOS ENNEMIS

— Y a rien pour ma rosse ?

— ... Maintenant, pour ta gouverne, apprends qu' je n' me teins pas; *j'atténue*, voilà tout !

— Monsieur le baron, vous êtes tous les mêmes avec vos fleurs... ça coûte aussi cher
et ça fait moins d'effet qu'un petit rien !...

LES JOIES DE L'ADULTÈRE

— Faut nous méfier, mon mari commence à trouver drôle que tu ne viennes plus à la maison !

LA VIE DE CHATEAU

— Qu'est-ce que tu as donc? tu as l'air tout chose...

— Oh! les femmes! Croirais-tu qu'elle vient d'avoir le toupet de se faire embrasser devant moi... par son mari!

— De c' vin-là, monsieur n'en a plus que six bouteilles.

— Alorss ça n' m'épate plus qu'y boivent ça dans des p'tits verres !

MOEURS CONJUGALES

— Qu'est-ce que tu as encore à faire la moue?
— C'est parce que tu m'as dit hier que j' commençais à ressembler à maman!

— Eh bien, comment l'as-tu trouvé, ce jeune homme ?

— Je ne sais pas, maman...

— Moi, y n' me r'vient pas; je trouve qu'il a quelque chose de ton père, quand il était jeune !

DANS LA RUE.

— V'là des saphirs qui m' plaisent beaucoup; un de ces jours, tu serais bien
gentil de me les *marchander*.

— Ah ben, vous êtes dans une jolie *boîte !* — je r'counais l' panier !

EN FAMILLE

— Tu n'es qu'un ingrat ! Si je n'avais pas fait faillite, nous serions ruinés !

— Je l'aurais compris pour une femme mariée; mais se battre pour une fille !
Je suis de l'avis de ta mère, c'est honteux !

PLAISIRS D'ÉTÉ

— Comment, comment! deux mille sept cent cinquante-trois francs quarante-cinq centimes! et tout ça pour passer trois semaines aux eaux!

— Tiens, tu as raison, mon ami, je renverrai une ombrelle!

EN FAMILLE

— ... Toutes tes soirées, tu les passes au cercle... il y a des semaines que tu n'as pas
diné à la maison...

— Veux-tu que je te dise? Eh bien, je ne rentre pas dîner, parce que ça m'agace
d'entendre manger ta mère!

EN FAMILLE

— Ah! mon enfant, les hommes sont tous les mêmes, ton Paul n'en veut qu'à ta dot!
Ton père n'a jamais vu que ça!..... et je n'avais pas encore mes moustaches!

DANS LES COULISSES

— Voyons, André, comment la trouves-tu, toi qui es un homme?

— Idéale, papa!

— Eh bien, c'est pour elle qu'on me fait tant de misères à la maison!

EN FAMILLE

— J' vous trouve épatants, vous autres, si vous trouvez qu' ça r'présente les vingt-cinq
dîners qu'il a pris chez nous!...

— Toi, t' as d' la veine, tu es bien mis, tu peux faire le « pauvre honteux » !

— Qu'est-ce qu'on fait ici le soir?
— On va voir passer l'express de huit heures trois.

— Ça, ça n'est pas d' ma faute ; madame n'avait qu'à m' dire de faire attention !

— Qu'est-ce que tu cherches ?

— Mais, rien du tout ; tout ça, c'est pour les faire attendre !

EN FAMILLE

— Vite, cache tes bijoux... voilà ton père!!

LES PETITES CANAILLERIES

— Dis donc, papa, mais c'est cinq francs que tu viens de lui donner ?
— Oui, c'est la pièce fausse ; ne le dis pas à ta mère, qui la réservait pour un cocher !

VILLÉGIATURE

— Il n'y a pas à dire, mon vieux, ta fille est charmante... Si tu étais moins joueur,
je l'épouserais de suite !

— Les yeux qu' monsieur vous fait, on n'a pas idée d' ça !

— Oh ! y a pas d' danger ; pour tant faire que d' faire un' *crasse* à madame, j'aim'rais mieux l' vicomte !

— Quand on viendra pour t'arrêter, qu'est-ce qu'il faudra que j' dise?

— J'ai joué, j'ai perdu; je n'ai plus grand'chose...
— Si tu n'as plus grand'chose, nous allons nous séparer!

— M. de Beaumychet?

— C'est au cintième, madame; mais comme je n' l'ai pas vu rentrer, attendez-moi, j' vas monter m'en informer : ça m' procur'ra le plaisir de lui donner ses lettres!...

— C'est une habitude que j'ai prise à Paris : que j'en aie besoin ou non, je prends toujours deux bains par an.

— Tu sais, mon chéri, que, n'y tenant plus, j'ai tout dit à mon mari!!...
— Vous venez de faire un joli coup... Qu'est-ce qui va me payer votre buste?

UN DÉPART D'AMIS

— ... Enfin! on va pouvoir être tranquille!

LE DÉPART

— Madame voudrait seulement que Monsieur ajoute ça dans sa malle.....

EN FAMILLE

— Voyons, papa, rentre donc avec nous; à cette heure-ci, ne va pas au cercle!
— Au cercle!!!... Plût à Dieu qu'il y aille! ça nous coûterait moins cher!!

CHEZ LE MINISTRE

— Te voilà bien heureuse maintenant d'avoir montré ton dos toute la soirée !.....
Si demain je ne suis pas chef de division, me voilà révoqué.

A L'OFFICE

— C'est tout c' que tu rapportes? Ni pêches, ni prunes!

— Ils ont tout boulotté! exprès!

— Maintenant, les maîtres sont plus rosses que les domestiques!

— Des restes? Mais, mon vieux, nos restes, c'est pour les pauvres!...

PARIS

TYPOGRAPHIE DE E. PLON, NOURRIT ET Cie

Rue Garancière, 8